1

自《じ》然《ねん》の声に聞く

大田利生

はじめに

半世紀前のことです。『いま失われていくもの』と題する書物がありました。

この表題を現代に即して考えてみますと、よく言われていますように、人間関係の希薄化ということばによって表されます。それはお互いの絆が失われていくことであり、暖かく安らげる雰囲気が無くなっているということです。

現代社会の変容は、その暖かさを感じる場所を少なくしてきました。もはやそういうところを探すことがむずかしくなってきたようです。

そんな時代だからこそ、互いに相手の話をよく聞くということ、そして、人だけではなく、私達をとりまく自然の声にも耳を傾けることを心がけたいものです。

以前にまとめた『自然の声に聞く』（平成三十年、自照社出版刊）を、このたび二分冊にして再び世に出すこととなりました。一読賜ればありがたいことです。

令和四年　盛夏

大田利生

自然の声に聞く１＊目次

はじめに……ii
染香人……1
蟪蛄春秋を識らず……4
水中の月影……7
紅葉から……10

冬の日本海……………13
桜の花に思う…………16
雨を聴く………………19
蓮の華…………………22
キンモクセイ…………25
黄落……………………28

初出：㈱自照社出版刊『自照同人』第八八号（二〇一五年五・六月号）～第九七号（二〇一六年十一・十二月号）

装画　湯田利恵子

染香人

香りに染《そ》まった人、このことばのひびきから芳《かぐわ》しい香りに包まれて、安らぎと心なごむ雰囲気《ふんいき》を感じとることができます。「染香人《ぜんこうにん》」は親鸞聖人《しんらんしょうにん》の浄土和讃《じょうどわさん》「染香人のその身には、香気《こうけ》あるがごとくなり、これをすなはちなづけてぞ、香光荘厳《こうこうしょうごん》とまうすなる」の冒頭の言葉です。如来の智慧《ちえ》の光に染まった人には芳しい香りが身についている、このように和讃のこころをうかがうことができます。

誰の句でしたか、「栴檀《せんだん》の枯れても残る香りかな」というのがあります。

香りはただかぐものではないということが読みとれます。また、古い経典には、「花の香りは風に逆《さか》らっては薫《くん》じない、善《よ》き人の香りは風に逆らってでも進んでいく」ということばもみられます。同じ香りでもその内容は違っています。人の香りは嗅覚《きゅうかく》の対象ではありません。そこに「香りを聞く」という言い方もされてくるように思われます。

さて、「染まる」ということばには深い意味が漂《ただよ》っているようです。一般的には、「悪に染まる」ともいい、必ずしも善い意味に使われるとは限りません。しかし、私達が宗教的真実、まことに出遇《であ》い、心通わせているということを、「真実そのものに染まっている」と表現することもできるでしょう。淤泥《おでい》に咲く白蓮華《びゃくれんげ》は泥に染まらず美しく花を咲かせています。泥に染まらないということは、真実に染まっているからだといえます。染まるということとは真実そのものに包まれている姿といっていいでしょう。

秋にはもみじが紅葉する山の様子を「全山燃えるように染まる」といいます。もみじが紅葉するメカニズムは説明されますが、紅葉させているのは大自然の力そのものでありましょう。染まるということは、如来《にょらい》の智慧《ちえ》の光に照らされ、摂取《せっしゅ》されていくことばでありましょう。阿弥陀《あみだ》如来の大きな願いの中に生かされていく人を、その光と香りによって飾られていると和讃は讃《たた》えているのです。

親鸞聖人が法然聖人《ほうねんしょうにん》の教えを聞かれ、その人格にふれられたことも、この染まるということばに重ねあわせてうかがえるように思えてきます。

蟪蛄春秋を識らず

　これはよく知られている話ですが、いま一度味わってみたいと思います。蟬《せみ》は夏に地上に出てその夏に短い生涯を終えていきます。今が夏だということを知りません。もちろん、春、秋もわかりません。ただ力の限り鳴いています。よく見ますと、大きな木に止まっているときも植木鉢の木で鳴くときも加減することはありません。人間はその蟬が鳴き始めると、夏の到来を思い、いよいよ暑さが身に感じられてくると言い出す人もあるでしょう。なかには蟬に近づいて、短い命も知らずにと哀《あわ》れみのこころを起こす人もいるかもしれません。もちろん、蝉はそんなことを考えてはいませんが。

実は、この蝉のことは曇鸞大師《どんらんだいし》の『浄土論註《じょうどろんちゅう》』という書物に見られます。そこに有名な「八番問答」がありますが、その中に念仏（十念《じゅうねん》）によって救われていくことを説明されます。その念仏による往生《おうじょう》のことは、神通力《じんずうりき》をそなえた仏のみが言われることである、と述べられます。そのことをもっとわかりやすくという思いから、荘子《そうし》の言葉を引きながら蝉と人間の関係におきかえて説明されているのでしょう。その原文には、

「蟪蛄《けいこ》は春秋《しゅんじゅう》を識《し》らず」といふがごとし。この虫あに朱陽《しゅよう》の節《せつ》を知らんや。知るものこれをいふのみ。

とあります。蝉は夏ということを知らない。ただ人間がそのことを知っている、というのです。いま、この内容の趣旨から少し離れますが、短い命を一

生懸命生きているその姿はむしろ私達に何か訴えているようにも聞こえてきます。それは、何のために生まれてきたかを考えずに、ただいたずらに人生を終わってしまってはいけないよ、と。

そんなことを思うとき浮かんでくるのが、源信僧都《げんしんそうず》の『往生要集《おうじょうようしゅう》』の「宝の山に入《い》りて手を空《むな》しくして帰ることなかれ」とある文です。折角、法を聞ける環境にありながら、仏法に遇《あ》うことなく終わるのはむなしい生き方だと言われているのです。春秋を識らないという話から、いつの間にかむなしく終わらない人生とはどういう生き方をすることなのか、考えさせられてきます。

水中の月影

澄んだ水の中に映《うつ》る月の影は、われわれを宗教的な世界に誘《いざな》ってくれる雰《ふん》囲気《いき》を感じさせます。大きな池の中に、あるいは、小径《こみち》の水たまりに、そして小さな露の玉に宿《やど》る月は、どんな水の中にも到り届いている大きな世界からの働きかけとも受けとれるものを見る思いがいたします。

ところで、法然聖人は『選択本願念仏集《せんじゃくほんがんねんぶつしゅう》』の最後につぎのように述べておられます。

浄土の教、時機を叩《たた》きて、行運《ぎょううん》に当るなり。念仏の行は、水月《すいがつ》を感じ

て昇降を得たり

と。前半は、浄土の教えこそ今の時代の人に相応した法であることを知れよ、と勧《すす》め発《おこ》されているものであります。そして、後半は、念仏の行を「水月の喩《たとえ》」によって説明されます。これには、そのもとになったものがあります。天台大師智顗《てんだいだいしちぎ》の『法華玄義《ほっけげんぎ》』に、

水上昇せず、月下降せず、一月一時普《いちがついちじあまね》く衆水《しゅすい》に現ず

とある文です。

水は昇ることはいたしません。また、月は降りることはないのです。しかし、映る時間の長短はあるけれども、すべての水に月は現じていると説かれています。そこで、何故、映っているのかが問われてくることになるとうかがわれます。

いま、『選択集』の文ではそれを念仏の行と関連づけられているのです。すなわち、念仏によって、月影が水の中に映っている姿が本当に見えてくるということでしょう。月を仏心《ぶっしん》、水を衆生《しゅじょう》のこころと考えますと、それらが一体になっている姿とみることができます。それは、念仏の実践によって、水に映る月影の意味がはっきり知らされるということです。その一体になるところを「水月を感じて昇降を得たり」といわれているとうかがいます。

月の光は、どんな人のいない静かな里にもくまなく到ります。私達はその智慧《ちえ》の光に遇《あ》うのです。遇うとは、私の方からはたまたまですが、如来の方からははるか昔から遇わすべく私を育てていてくださるということであります。

紅葉から

急ピッチで紅葉が進んでいる光景は、想像するだけでも秋色に染《そ》まりそうです。全山燃えるような眺めは、人を感動の世界に誘い込みます。たとえば、冬枯れを前に懸命に紅葉している樹木の姿は、その力が迫り来るように感じられたり、その紅葉も一夜にして散っていくことをこれも想像すれば、一抹《いちまつ》の寂しさを感ずるということもありましょう。

私たちは、日常の忙しさに紛《まぎ》れて、美しい風景や眺望《ちょうぼう》を見過ごしてしまったり、通り過ぎることがあります。いつもそばを通っていた銀杏《いちょう》の木が見事に色づいているのを、人が教えてくれて初めて知るということがありました。昨年のことです。時には、立ち止まって周囲の景色に眼を向ける余裕がほしいものです。

さて、紅葉の話ですが、いつまでもその美しさを保ち得ません。と言いはじめると、どうしても無常《むじょう》ということばが浮かんできます。もっとも、いままさに色づいている姿も無常ですから、散ることだけを無常と考えるのは一面的です。しかし、無常というと散っていく方に重点がおかれる傾向があります。

『無量寿経《むりょうじゅきょう》』を読み進みますと、「顛倒《てんどう》上下することとは無常の根本なり」ということばに出会います。無常ということばの本質を示す文ですが、頭の顛倒という語が気になります。「顛」には、てっぺん、頭という意味があります。それが、倒れるのですから、ひっくり返った状態をあらわすことになります。

私たちは真っすぐに立ち、物を真っすぐに見ていると思っています。しかし、実際は、斜めに構えたり、物事を逆に見たり、いわゆる錯覚《さっかく》の中で生きていると言えます。たとえば、月が昇るときは大きく見え、中天にかかると小さく見えるのも一例です。影を実物と間違えることもあります。とかく、私たちはひっくり返って生きていることに気づきません。では、どうすればそれに気づき得るのでしょうか。ある先哲《せんてつ》のことばです。念仏とは私がひっくり返っていることを知らせるものである、と。真実に出遇《であ》ってはじめて私のすがたが見えてくるのです。

冬の日本海

私は今、一つの光景を頭に思い浮かべています。それは、冬の日本海です。海ほど天候によってその姿を変えるものもありません。冬の荒天の日本海、凪《な》いだ潮の香りに包まれるような春の海、思っただけでも大きな違いです。

とくに、冬の日本海は、吹き寄せる雪まじりの季節風、うち寄せる高波の豪快さを見せる日もあるでしょう。このように、日本海の様子を想像するには一つの理由があります。それは、親鸞聖人がご流罪《るざい》になられ五年間越後《えちご》で過ごされますが、その間毎日のように見られたのが日本海であったからです。しばしば言われますように、聖人の著述には、海という文字、その類語が頻出いたします。これは、親鸞聖人の思想形成に海が大きく影響していたことを示すものといえます。かつて、親鸞聖人を海の人、道元禅師《どうげんぜんじ》を山の人と言った先学のいたことを思い出しています。

ともかく、冬の日本海を前にしてどのような思いを抱《いだ》かれていたことであろう、と思うことしきりです。時に手のつけようもない荒れ模様の海は、愚《ぐ》禿《とく》と名のられる聖人自らの心を映《うつ》し出している姿とみられたのではないかと想像いたします。そこには、単なる海ではなく、深い意味をもった海との出会いがあったということでしょう。

聖人の『正信偈《しょうしんげ》』の中には「唯説弥陀本願海《ゆいせつみだほんがんかい》、五濁悪時群生海《ごじょくあくじぐんじょうかい》」とうたわれます。本願海、群生海と、仏の世界も衆生《しゅじょう》の世界もどちらも海で示されています。このように、悟《さと》りの世界、迷いの世界と異なる二つを同じ海で譬《たと》えられるということには、どのような意味があるのでしょうか。それは、如来のはたらきがこの衆生海を離れてはありえない、迷いつづける衆生の中にこそはたらきの場所があるということでしょう。

ここに私がいるから仏の願いが起こされたのです。ですから、同じ海であらわされるということは、如来の願いの中にすでに生かされているということでもあります。摂取不捨《せっしゅふしゃ》のおこころを味わいたく思うことです。

桜の花に思う

今年も、名所の桜がその美しさを競《きそ》い合う季節を迎えました。桜によせる思いは古くから多くの人によって語られ、人と桜の結びつきは詩歌にも詠《よ》まれてきたことは知られるとおりです。

最近、桜に関して書かれたものを眼にする機会がありました。そこには、次のように述べられています。名所の桜と、だれも訪れない山の懸崖《けんがい》にひっそり咲く桜を対比させて、名所の桜は俗臭を感じてならない、それに比して山奥の桜は人に媚《こ》びることなく、凛然《りんぜん》と雄々しく咲いている、と。そして、筆者は後者の山奥の桜に好感をもつといいます。なるほど、同じ桜でもこんな見方ができるのかと思わず頷《うなず》いていました。

また、満開の桜を見上げながら、もうしばらくの間この美しさを眼にとどめたい、と思っている人がいるとしましょう。しかし、いつ嵐が吹いて一晩のうちに散ってしまうか分かりません。いくらこのままのいい状態を見続けたいと思ってもそれはできないことです。ちょうど波の一つ一つがずっと波でありつづけたいといっても、それはかなわないのと一緒です。やがて海と一つになっていくのですから。

ともかく、散っていく桜は想像するだけでも寂寥感《せきりょうかん》を覚えてきます。しかし、そういう桜にも、美しさがあると思われます。風にのって花びらが舞っているのを眼にしたのは、昨年の今頃です。思わず足を止めて見入ってしまいました。一枚一枚の花びらは黙って花を離れ、再び元に戻ることはありません。いつまでも同じところにとどまることはないのです。これは、執《とら》われる心が無くなった姿とみることもできます。

前後しますが、桜には蕾《つぼみ》の時期がありました。その蕾は満開につながり、花開くことに確定しているとみれば、そこにもう一つの美しさが宿《やど》されていると言えます。

このように、満開の時だけではなく、花の移り変わりを通して、その時その時の美しさを感じとることも、桜をみる見方と言えましょう。

雨を聴く

桜や新緑の美しさを眺めているうちに、いつの間にか雨の季節に移ります。自然の山々、大きな木々の色の変化は眼につきやすいのですが、庭に咲く小さな草花にも咲いていく順序があることまで、気をつけて見ることはなかなかいたしません。

さて、この雨で思い出すのが、中国でよく用いられ、漢詩にも出てくる「聴雨《ちょうう》」ということばです。家の中に居ながら、雨の音を静かに聞いている人がいる、そんな様子を思い浮かべることができ、また、雨に対して、親しみが込められた語のようにも思えます。それについては、日本の童謡「あめあめふれふれ母さんが、蛇《じゃ》の目でお迎えうれしいな」という懐《なつか》しい歌があります。この蛇の目傘の雨をはじくぱらぱらという音が楽器のように私を包みました、と言われた方がいました。

さらに、聴雨ということばから、自然に対して耳を傾け、一体になっている姿も読みとることができます。さらに、一歩踏み込んでみますと、自然が語り、私が聴くという関係が出てきます。そこでは、私の方から自然を掴《つか》もうとするのではなく、逆に自然に掴みとられている、そのような意味が出てくるといえましょう。

こうして、一つのことばにもさまざまなこころを感じとることができます。それはことばが生きているということでしょう。そして、私は、雨の音を香りと重ねてみたくなるのです。木々の香りが雨の音と一緒に伝わってくる、そんなことを想像するからです。

これは、聴覚と臭覚が応じあったり、一つになった表現であります。ひとでいえば、「かおりがひびく」となりましょう。日常生活のなかでは、今でも味を聞く、味を見るといういい方をします。また、経典には、光を聞く、光に触れる、あるいは香りを聞くという表現がみられます。こうした、いくつかの器官を重ねてできたことばには、立体感が感じられ、その中に柔らかい暖かさ、心に響きあうものを味わうことができます。雨の音も、雨の声を聴くと表現するとき、一層楽しむこころが伝わるように思われます。

蓮の華

「花は愛惜《あいじゃく》に散り、草は棄嫌《きけん》に生《お》う」と言います。紫陽花《あじさい》は、遠くからでもそれとわかる花ですが、近づいてみますと、なんとなく親しみの湧《わ》いてくる、そんな思いを抱《いだ》かせます。そして、梅雨の時期にぴったりの花でありま す。

かつて、こんなことがありました。それは、ご門徒のうちに、すでに時期もすぎ、色あせて枯れかかった紫陽花がありました。私がそれを見ながらしばらく立っていますと、そこへその家の人が出てこられました。「紫陽花がこんなになりましたね」と申しますと、その方がおっしゃるのです。「私と一緒ですね」と。少し笑みを浮かべながらお話しされる姿に、日頃聴聞《ちょうもん》を重ねてこられたことが香りとなって漂《ただよ》っているような思いをしたことであります。

さて、紫陽花のころが過ぎ、暑い季節になりますとどんな花が咲くのでしょうか。炎天下に耐えて咲く花には、どのようなものがあるのかなと思い少し調べてみますと、意外にたくさんあることに気づかされます。百日紅《さるすべり》、夾《きょう》竹桃《ちくとう》、ハイビスカス、ヒツジグサ、アサガオ、などなど。

そんななかでも、いま仏教と深い関係をもつものに蓮の華があります。『阿弥陀経《あみだきょう》』のなかには「池のなかの蓮華、大きさ車輪のごとし」と言って、よく知られた文、「青色青光《しょうしきしょうこう》、黄色黄光《おうしきおうこう》、赤色赤光《しゃくしきしゃっこう》、白色白光《びゃくしきびゃっこう》」が続きます。浄土の蓮華が光り輝いている様子が描写されます。また、『維摩《ゆいま》経《ぎょう》』には、「高原の陸地《ろくじ》には蓮華を生ぜず、卑湿《ひしゅう》の淤泥《おでい》にすなはち蓮華を生ず」と説き示します。蓮華は、きれいな砂地には生じないで、じめじめした泥沼に生ずるというのです。私達はこの蓮華の生じ方から極めて重要なことを知らされてきます。

それは、楽しみもあるが全体としては苦しみであるこの現実のなかにこそ救われていく道が開けていくのだということです。仏さまの働かれるところは、この私を離れたところにはないのですから。泥に染まらず咲く華は、このままで、如来の願力《がんりき》によって救われていくということを意味するのです。

キンモクセイ

キンモクセイは、別称、九里香《くりこう》というそうです。九里ほど離れた遠くまで、芳香を漂わせていくというところから名づけられたものでしょう。住宅街の裏道に入ると、突然薫《かお》ってきて、あたりを見廻すとキンモクセイでした。また、香りが漂ってきても、そのありかがわからず探すこともあります。

知らない人はいないほどの木ですが、よせる思いもさまざまです。ある人は、酷暑も遠ざかり、秋へいざなってくれるといいます。また、香りは記憶をよびさますということから、幼い頃を思い出すという方もいらっしゃいます。遠い昔、職場の中に立て掛けられていた標語のことばにじっと見入っていた自分を思い出します。そこには、

姿より、香りに生きる花もある

と書かれてありました。モクセイの花はどこかひかえ目で、目立たないので、地味な香炉であるといわれることもあります。春に咲く桜の花は派手で、自己主張が強く自慢げにみえてなりません。そう思うと、花にもそれぞれの生き方が感じられますが、ただ、花同士で気にし合っているようにはみえません。

人間の世界では、比較して優劣を決めています。常に他との関係の中に自分を置いています。しかし、モクセイは、香りを放ちながら精一杯生き、輝

いているようにみえます。また、この標語から思われることは、眼に見えないものに対する思いということです。姿と香りは、眼に見えるもの、見えないものを表わすことばと考えられます。いま、香りに生きるということは、宗教的な生き方を私達に思い起こさせてくれます。

肉眼で見えるものを恃《たよ》りにして、見えないものは無いと生きているのが私の姿だといえます。しかし、私の眼がどれだけ確かといえるでしょうか。遮蔽するものが一つあれば、その向こうに誰がいて、何があるかわかりません。また、錯覚して眺めることもあります。そういう私の眼であることを智《ち》慧《え》の光に遇《あ》って気づかせてもらいたいものです。

黄《こう》落《らく》

冬の訪れを前に、木々の葉が落ちていきます。紅色《くれない》に輝いていたもみじの葉も一枚一枚枝を離れ、やがてすっかり葉を落とします。そして、黒ずんだ枝が冷たい風に耐えている、そんな光景を前にしながら、私達はどんな想いを抱《いだ》くのでしょうか。

あれほど、美しく紅葉していたのにと、一抹《いちまつ》の寂しさを感じる人、ああ、冬だなあと空をみあげる、ただそれだけの人もおられるでしょう。また、去年みた景色を思い出しながら、一年経つのが早いなあと思われる方もおられるかもしれません。

最近こんな文章に出会いました。

「紅色に染まりながらも生命への執着をみせていた木々の葉がきびしい寒気に会うと、とらわれも誇りもかなぐりすてて、はかなく散っていく。しかし、野山の裸になった木々をみていると、なんとなく安らぎをおぼえる、それは虚飾《きょしょく》をすてきった風景だからであろうか。人間も虚飾をすてて生きなければならぬのだが、なかなかそれが実行できない」と。

同じ光景をみても、こんな感じ方もあるんだと思うことしきりでした。

この中で、私は虚飾ということばに強い印象を受けました。恐らく、文章を書かれた方もこの文字に言いたいことを込めておられたと思われます。

生きているということは、虚飾につつまれていることだと言えましょう。

人は、優れたところ、強いところを他人にみせよう、また、知ってもらおうと考えます。素顔をみられたくないという気持ちがあるからでしょうか。また、己自身を尺度にして物事を判断してしまいます。しかし、私自身がどれだけ基準になりうるかということです。昨日の私と今日の私で大きく変わることがあるのですから。

「讃仏偈《さんぶつげ》」の中に「一切恐懼《いっさいくく》　為作大安《いさだいあん》」とあります。仏は私に大きな安らぎを与えようと立ちあがってくださっています。私達は、念仏の信によって、その真実《まこと》を頂戴していくのです。